Kahani Har Dil Ki

Jazbaatein

Vidhatri

BookLeaf Publishing
India | USA | UK

Made with ❤ on the BookLeaf Publishing Platform
www.bookleafpub.in
www.bookleafpub.com

Dedication

To the several stories which are buried deep inside the hearts and emotion caged from flowing out. Teaching us to embrace ourself in our own warmth.

Preface

"Kahani Har Dil Ki: Jazbaatein" is a book complied of numerous poems related to the turmoil of our life and peace of heart. During the process of reading, you may find deep connection to life an open book to yourself. A chance to read yourself in the verse.

Acknowledgements

A heartfelt gratitude to life for teaching lessons which cannot be taught anywhere else to be an inspiration. Exceptional thanks to reader for reading this book and understanding lives own agenda. Your support is very valuable to me.

Tasveer

Kisi ki tasveer hai aankho ka gehna
Kisi ka dil hai chahat ka jharna
Zulfein bikhri hui
Nigahen khoyi khoyi
Chahaton ke jharne mein jo duba jaye
Jo ek khubsurat khwaab saja jaye
Baton se apni hume suljha jaye
Le jaye mera haath apne haathon mein
Kisi ki tasveer is kadar chapi hai in aankho mein...

Gusthaki

Gusthak bani hai hawayein aaj
Jiya sehla rahi narmi fulon ki
Jhuki hui si palkein hai aaj kisi ke khatir
Palkein uthe to karti unko ghayal hai
Sang mere bitaye hua waqt unka
Kandhe ko unke apna sirhana banana mera
Une ke sang mera befikar ho jana
Najane kesa yeh ehsas hai
Inn hawaon ki gusthaki aaj maaf hai...

Betabi

Dil betab hai kisi se milne ko
Woh shayad taiyaar nahi hamse milne ko
Dil mein tamanna badi
Kai khwaab saje hai ek duje ke darmiyan
Woh aane ko taiyar nahi
Hamse milne ko betab nahi
Khwahishe saji dono taraf hai
Dil hamara betab hai unse milne ko
Woh shayad taiyar nahi hamse milne ko....

Nakab

Muskurate hue nakabon ke piche
Aksar kai raaz chupe hote hai
Kai raaz jo tod dete hai kabhi
Kabhi jode dete hai hame
Raaz ho yaa dard
Aapno ka ho yaa paraye ka
Kya fark padta hai
Aksar hi in muskurate hue nakabon ke piche aksar hi kai raaz chhupaye jate hai...

Dil Ki Awaaz

Khamoshi padhti hai nigahen kahi
Kahi lafz adhure reh jate hai
Baat sunte-sunte logon ki
Apne dil ki gunj sunna bhul jate hai
Jung chid jati hai dil aur dimag
Tho kabhi dil khamosh ho jata hai
Kismat ke likhe par vishwas karte hai aksar
Khud kismat likhne wale hai yeh hi bhul jate hai
Kahi nigahen khamoshi padh leti hai
Aur hum iss dil ki awaz sunna hi bhul jate hai...

Izhaar-E-Mohabbat

Izhaar e mohabbat ke lafz labon par saje hai
Izhaar hua to yeh jiya dhadka hai
Socha tha jise aapna manke
Who izhaar isharon mein hi samjh gaye
Kano mein gungunake bata diya
Khawab me saya hai tera hardam
Meri nigahen dhundte hai tujhe har pal
Izhaar e mohabbat ke lafz abhi adhure hai...

Ajnabee

Aab tho najane esa ehsas kyun
Kudh se hi bair hai aab kyun
Aapne ab aajnabee sa suluk karte hai
Jiya jal ke rakh hai
Par aabhi lab sile hai
Kehna hai bahut kuch par
Kabhi waqt saath nahi
Tho kabhi lafz saath nahi
Bechain hokar bhi sukoon ka dikhawa hai aaj kal hamara
Bhool gaye hai kuch mere lazf yaa bhool gaye hai
hame....

Suhana Safar

Safar yeh ghar se ghar tak ka
Yaadein kuch esi degaya ki
Nigahen bheege hai un lamhon ki barkha se
Bechani bichi hai dhadkan mein
Who raaste ka shor
Halla who apno ke sang
Bichad jayenge saath se inke
Dil mein rahenge yeh kamine zindagi bhar sare...

Wo Lamhe

Wo saari pehchaani suratien
Aab door ho rahi hai
Jo ab tak senior kehte the
Ab wahi senior ban jayenge
Teen saal ka yeh safar lagta jo lamba tha
Ab khel raha samay hamare saath hai
Hote hote yeh saal bhi ravana ho jayega
Milte rahenge kehne wale ab sirf alfazon mein reh jayega
Dekhte hi dekhte yeh saal bhi guzar jayega...

Manzil

Mom ka diya bujh jayega
Hawaon ki kashti mein
Jaan kaid jo hai seene mein
Tod nikalgi pinjre ko
Uthti lapte hawaon mein
Raakh ke dher mein simte sab...

Maanmohana

Manmohak si ye aakhein hai
Jin mein basta yeh pura sansar hai
Gwalon sang dhenu charave
Aake makhan khub churave
Roop esa jo deewana kare sabko
Naam esa jo pass bulave humko
Pura jaag jiska hai deewana
Who hai Radhe ka Kanha...

Khamoshi Dil Ki

Khamoshi padhti hai yeh nigahen kahi
Kahi lafz adhure reh jate hai
Kabhi logo ki baat sunte-sunte
Apne dil ki gunj sunna hi bhul jate hai
Dil aur dimag ke bich chid jati jung hai kabhi
Tho kabhi dil khamosh ho jata hai
Kismat ke likhe par vishwas karte hai aksar
Khud kismat likhnewale hai
Yeh hi bhul jate hai
Kahi nigahen khamoshi padh leti hai
Aur aksar hum iss dil ki awaz sunna hi bhul jate hai...

Maan Ka Toofan

Dil ke iss khamosh manzar mein aksar
Kai toofan chupe hote hai
Aksar khud pe sawal uth te hai
Jawab adhure alfazon mein hai
Koi un chupe lafzon ko dhund de
Koi iss toofan ko kinara de
In adhure alfazon ke dhue mein aksar khud ko kho diya hai ham ne
Koi is dhue mein ek roshni ka diya jalaye
Koi dhund de jawab jo chupa hai adhure alfazon mein...

Taanhai

Taanhai ke aalam mein
Akele kho gaye hai kahin
Saathi jisko manna tha
Who ho gaye khaafa humse hai
Na chaand uski tasveer lage
Na roshni unki parchaai lage
Kuch iss kadar bichde hai
Ki aab ki baar
Milna namumkin sa lagta hai
Bas kho gaye hai hum iss taanhai mein...

Intazar

Taras gaye daras ko unke
Kabhi aakhiyan na mili
Kabhi lafz na mile
Mil ne ki khwaish har pal hai
Kabhi hum nahi milte
Tho kabhi manzil nahi milti
Kabhi andaaz nahi mile
Tho kabhi jazbaat nahi milte
Aab tho tadap lagi hai unse Milne ko
Aur kai lafz kehne ko
Magar alfaz nahi milte
Unse kehne ko...

Hakkikat

Hakkikat se wakif hue hai iss qadar
Ke pehre hazar nakam rahe
Awaaz jo dil ki hai
Dabi hai zakhamo se
Awaara si jo muskan thi
Ab kaid hai pinjro mein...

Ek Tarfa

Who bekhabar hai meri chahat se
Chu lete hain dur se
Cha jata ek mitha sa ehsas hai
Tut ta hai yeh dil baar baar hai
Sema tuti hamari hai
Tadpa hai dil hazaaron dafa
Magar fir bhi mohabaat aas lagi hai
Sun ke unsuni karte hai is dil ki aahate
Bikhar jate hai inn duri se bebas hoke
Roka khud ko baar baar hai
Magar chahat teri behisab hai...

Uncertainties

A life
Full of fireflies
Beautiful and bright
Gonna leave everything
Less worries easy life
Death is a moment
Full of nights
No
But upcoming brightness of holy lights
Live in moment in the fire full of uncertainties...

Bichdan

Hum yaad tho aayege na
Mana ki ab baatein nahi hoti hamari
Mana ki kuch buri yaadein hai
Who saath bitaye hue pal yaad tho karte ho na
Dur aapse hue hai ese ki ab khud se bhi dur hai
Esa mehsus tum bhi karte ho na
Chalo koi na yeh hi bata do kabhi hamari yaad satati hai kya...

Behisab Mohobbat

Pyaar ho tho esa ho
Ke fir dobara kisi se na ho
Aur agar ho tho us ek se ho
Ek baar nahi hazar baar ho
Mohobbat ki rahon mein dar-dar bhatakna na pade
Kisi ese se mulakat ho
Aur beshumar mohabbat ho
Koi tufan aaye tho bhi
Ishq ki rawani khoye nahi
Us ishwar se khud hamari mulakat ho
Thodne se pehle mohobbat ki zanzer ko...

Khwahish

Kai khwaish hai dil mein saji
Kai khwaab saje hai palko par
Koi aapna ho aur koi na paraya kahe
Kahi dil tute
Kahi khwaab chute
Aapno ne paraya kiya
Aur dil bikhra gaye
Kahi aapne chute
Kahi sapne tute
Kai khwaish hai dil mein
Aadhuri jo reh gayi
Aur dil kahi bikhar gaye....

www.ingramcontent.com/pod-product-compliance
Lightning Source LLC
Chambersburg PA
CBHW062309240926
51846CB00013B/926
* 9 7 8 9 3 7 1 5 6 6 9 0 2 *